보배 金百瓊 시인 제2시집

詩의 맛

가을을 널어놓고
명절을 준비한다

아침은 하늘하늘
여름을 씻어낸다

아홉 번 맞는 둥근달
만점짜리 맞고파

-결실의 구월에 中-

시인의 말

'구슬이 서 말이라도 꿰어야 보배'라는 말처럼
"百瓊, 너는 보배가 되어라!"

지천명에 이르러서야 선친의 뜻을 깨치고 보니
보잘것은 없을지라도 내 삶을 담아
백 개의 구슬로 꿰어야 할 숙명이라 생각한다.

이 또한 가난한 시인의 호사가 아니겠는가?

자위(自慰)하며 졸필이나마 용기를 내본다.

2024년 가을
보배 金百瓊

1부 세월의 강

- 10 세월의 강
- 11 설렘(1)
- 12 설렘(2)
- 13 춘래불사춘
- 14 지키지 못한 약속(1)
- 15 지키지 못한 약속(2)
- 16 지키지 못한 약속(3)
- 17 스치는 바람처럼
- 18 고독한 팔자
- 19 무궁화
- 20 번개
- 21 해님 닮은 내 이마
- 22 날개 단 가을
- 23 멍멍이
- 24 예쁜 사과
- 25 고드름
- 26 거울앞에서
- 27 아침을 여는 소리
- 28 뒤집히지 않는 현재
- 29 새싹들
- 30 코뚜레 상아탑
- 31 사과
- 32 배추
- 33 홍당무
- 34 야단났네
- 35 달님 엄마
- 36 해산
- 37 초록별의 노래
- 38 詩作의 밤

2부 詩의 맛

- 40 어머님 눈가에는
- 41 첫눈
- 42 고흥에 가면
- 43 선인장의 하루
- 44 잡초
- 45 내일
- 46 오월의 첫날
- 47 오월의 비
- 48 보지 못하는 것을 잊지 말라 하시네
- 49 밤바람
- 50 민들레
- 51 백목련 앞에서
- 52 커피 한 잔 할까요?
- 53 바람꽃
- 54 사랑으로
- 55 한가위만 같아라!
- 56 산행에서
- 57 생의 뒤안길
- 58 추억을 그리며
- 59 고향 이야기
- 60 장미의 오월
- 61 폭우에 젖어
- 62 가을이 오면
- 63 예보
- 64 동행
- 65 유월의 장미
- 66 빨래하던 강가에 서면

3부 시인의 마음

68 시인의 마음
69 선무당이 사람잡네
70 나이
71 낯을 붉히다
72 지천명
73 애가(哀歌)
74 화룡점정
75 하모니카 불듯이
76 아가 곁에는
77 옛 추억
78 성적표
79 씨알에서 백두까지
80 한가위
81 노인 대학
82 청풍명월
83 너의 눈을 보면
84 구월의 아홉시
85 소나기
86 해탈의 변
87 장미의 변
88 시조를 쓰는 마음
89 함께 운다
90 범종
91 아버지
92 산사로 가는 길(1)
93 산사로 가는 길(2)
94 산사로 가는 길(3)

4부 인생길

96 　인생길
97 　추억의 빨래터
98 　반항
99 　울지 않는 소쩍새
100 　사랑
101 　따오기
102 　하늘 문
103 　자존심
104 　무지개 꿈
105 　아침 풍경
106 　글을 쓰는 이유
107 　양파
108 　황혼
109 　그믐밤
110 　까치밥
111 　그리움
112 　길 따라 걷다 보면
113 　소나기
114 　속닥속닥
115 　누리호 발사
116 　뉴스꺼리
117 　흔들리다
118 　안달한다
119 　고향을 떠날 때
120 　염원하는 마음
121 　낯가림
122 　홀씨로 꽃피운다
123 　추풍낙엽(秋風落葉)
124 　꽃피우자 고흥문학(악보)
125 　느티나무 (악보)
126 　파도(악보)
127 　천년학(악보)

꿀잠을 아사 가는
요람 속의 졸탁 소리

쫑쫑쫑 병아리가
어미닭을 따라간다

아침을 깨우는 소리
복음을 전하는 소리

-아침을 여는 소리 中에서-

# 세월의 강

지나온
길도 길인데
돌아가는 법이 없다

일방통행
시간표는
되돌릴 수가 없을까

세월의 강

낙서처럼
그려 놓고
강물처럼 흘러간다

뛰는 놈
달리는 놈
초읽기에 몰린 듯이

귀 막고
가는 놈도
귀청 뚫을 천둥벼락

지나온
길도 길인데
돌아가는 법이 없다

일방통행
시간표는
되돌릴 수가 없을까

설렘(1)

이마가
신선하다
활기찬 새벽이다

단정한
능소화로
동녘은 붉은 불빛

이슬에
잠긴 미소가
담담하지 못하네

설렘(2)

이마가 신선하다
바람찬 새벽인가

단장한 능소화로
동녘은 붉은 불빛

이슬에 잠긴 미소
담담하지 못하네

이슬은 풀잎마다
그네를 타는 걸까

건들면 날아갈까
맘 약한 새 같아서

쪼그려 함께 우는 맘
풀잎 그네 타는 마음

춘래불사춘

백 개의
옥구슬 꿰어보면
보배가 분명한데

옥에 티가 묻어
알아보는 이
아무도 없다 하니

슬프다
봄이 왔건만
아직 봄이 아니다

지키지 못한 약속(1)

다음에
놀아줄게
지키지 못하는 약속

손사래
치고 나서
빈 액자에 숨은 추억

다음에
놀아준다던
지키지도 못할 약속

되돌아서
후회한들
무슨 소용 있겠느냐

지키지 못한 약속(2)

자식 된
도리라며
효녀노릇 꿈을 꾸다

바쁘다
핑계 대고
찾지 않고 미루다가

나이 들어
깨쳤으나
기약 없는 약속이라

때늦은
공간의 후회
도리킬 수 없구나

지키지 못한 약속(3)

나중에
라는 말에
전제가 없었으니

약속을
지키려는
의지가 있었을까

세월을
거슬러 가니
돌이킬 수 없어라

너와 나
누릴 수 있는
마지막 이 순간에

스치는 바람처럼

어둠이 흘러가는 바닷길 따라
달빛 아래 정자에 둘러앉아서

귀촌으로 들려온 온갖 잡것을
슬금슬금 퍼내어 흘려보낸다

다정한 눈빛들 말하지 않아도
눈치코치 보나 마나 똑같은 마음

공해로 입은 옷은 훨훨 벗어서
거짓 없는 바람에 날려버리고

자연처럼 발가벗고 돌아가야지

고독한 팔자

팔자라 하는 인생
뫼비우스의 띠가 되어
앞으로 가도 옛날 뒤로 가도 옛날

날이면 날마다
내 팔자야 내 팔자야
사팔뜨기 치켜뜨는 눈과 한숨소리

세월은 지우개 없어
새 길을 번지르게 닦아 놓고
따라오란 말 없는데 왜 따라가나

내비게이션은
길을 벗어난 법이 없어
이정표 필요 없는 길에서 아는 척

무궁화

민족의 정기 이은
끈질긴 역사의 꽃도

도한 배짱으로
오늘도 피었구나

언젠가 대한의 국화
세계 속에 빛나리

번개

번개가 번쩍
구름의 박치기

"빡" 소리에
놀라서 우네

얼마나 아플까
눈물이 좍좍

개구쟁이들
무서워 이불속으로

서로가 손가락질
크게 웃지요

해님 닮은 내 이마

해님이
구름 모자 벗어 들고
인사를 해서

나도
모자 벗어 들고
인사했더니

빨갛게 익었네
사과 같은 내 이마
해님을 닮아가네

날개 단 가을

가을은
가을은
날개가 있는 것만 같아요

울긋불긋 단풍잎
예쁜 웃음 지으며
어깨 위를 날아 내려와요

하늘 향해
웃음 짓는 내게로
머리 위를 날아 내려와요

예쁜 단풍 날개 달고
파드닥파드닥
들녘에 왕잠자리 같아요

멍멍이

멍멍아 짖어 보렴
우리는 친구 같아

나는야 낄낄낄낄
너는야 멍멍멍멍

우리 한번 신나게
멋지게 놀아보자

휘파람도 멍멍멍

예쁜 사과

해님보다 단풍보다 예뻐 보이려
자꾸자꾸 화장하다
빨간 볼 되었네

만나는 사람마다
자꾸자꾸 쳐다보니
더더욱 빨개지네

풀벌레들 놀리느라
합창 소리 요란하고
참으라고 가을바람

살랑살랑 불어 주고
예쁜 내가 참아야지
애써 참았더니 예쁜 사과 되었네

고드름

춥다며 그려보는
따뜻한 군고구마

엉성한 솜씨라도
자꾸만 서러워서

눈물에 젖은 고드름
목을 매고 맙니다

거울앞에서

오늘은 어떤 얼굴
웃음 띤 나의 얼굴

거짓말 못하는 거울
때로는 얄밉지만

말 많은 사람들보다
똑똑하게 말하지요

아침을 여는 소리

참새떼 재잘재잘
아침잠을 쪼아대니

들창에 쏟아지는
햇살도 피할 수 없어

이브자리 끌어올려
얼굴을 감춰 본다

꿀잠을 아사 가는
요람 속의 졸 탁 소리

쫑쫑쫑 병아리가
어미닭을 따라간다

아침을 깨우는 소리
복음을 전하는 소리

뒤집히지 않는 현재

동전을 뒤집듯이
삶의 안팎을 뒤집어 보자

말들을 섞어가며
비빔밥 비비는 정치가들의 말들

거짓과 진실이 혼란스러운 삶은
안도 밖도 뒤범벅

뒤집어도 뒤집어도
안과 밖이 차이가 없다

해 뜨는 시간인지
해 지는 시간인지

헷갈리는 사진 같은 우리들의 현재는
뒤집어 보아도 언제나 같은 모습

새싹들

태아가
숨을 쉬나
쉼표가 톡톡 돋네

엄마는
태교라며
새싹을 돌보시네

쌍둥일
기다리시나
떡잎부터 살피네

코뚜레 상아탑

우골탑
상아탑이
자랑이 한참일 때

성적도
비례하여
쑥쑥 쑥 커지나요

코뚜레
가마솥 곁에
부지깽이 쏘시개

사과

과일 가게 사과들은
뽀득뽀득 때를 닦아
반짝반짝 하지요

예쁜 사과
먹고 싶은 아이들은
꼬록꼬록 하지요

사과 먹는 소리는
사각사각하지요

엄마는
아이 예뻐
아이 예뻐하지요

배추

심술쟁이 아이가
치마를 벗기듯이

자꾸만
벗겨봐도

아직도 속치마가
열 겹은 되나 봐요

배추는 아직도
겨울인 줄 아나 봐요

홍당무

얼굴이 빨개지면
홍당무라 불러요

창피한 내 얼굴
홍당무라 불러요

친구들이 놀리면
홍당무가 되어요

홍당무는 홍당무는
슬플 것만 같아요

야단났네

아빠의 회초리 앞
엄마의 미소 작전

눈싸움 팽팽하면
종아리 후들후들

쌀쌀한 갈바람 속에
벌거벗고 땀난다.

달님 엄마

까르르
눈빛들이
소로로 잠이 들면

어두운 밤
지켜주는
엄마는 달이 돼요

아무리
어두운 밤에도
아가들만 보이죠

해산

하늘과 바다 사이
서산길 불을 놓고

오늘도 다 탄 후에
어둠도 몸이 달아

내일 해 해산하려
검은 눈빛 빛낸다

초록별의 노래

하늘이 파란 날엔
가슴을 물들이며

별들이 모여드는
은하수 가슴 열고

별 따는 사랑 노래
지구별을 뽐내누나

詩作의 밤

어쩌다 귀동냥한
한 마디 멋진 말은

소중한 금가락지
쌍이면 더 좋은데

초안을 그려 넣고
밤새워 써 봅니다

2부 詩의 맛

짠맛은 바다의 맛
내 몸도 간이 밴다

안팎이 하나의 색
변하지 않는 본색

때마다 빠지지 않고
감초보다 맛있다

어머님 눈가에는

어머님 바느질엔
피 같은 단풍 지고

시침을 마치실 땐
사월의 봄 진달래

거친 손 비탈겨도
자식 생각에 웃음뿐

첫눈

보고 싶은 눈빛들이
까만 밤을 하얗게 삭히다 보니
하늘도 삭았는지
하얀 눈이 내린다

보고파 뻥 뚫린 가슴을
말끔하게 메우려고
하얗게 삭은 맘을
넉넉하게 채우려고

하늘하늘 나래를 흔들면서
낯설지 않은 눈빛을 찾는다

고흥에 가면

사립문 들어서면 문방사우 사물악기
시인은 글을 짓고 길손은 춤을 춘다

시조시를 꿈꾸다가 정형시를 꿈꾸다가
시조도 정형도 아닌 자유시 노랫가락

저절로 흥이 나는 고흥문굿 장구재비
호흡도 척척 맞아 덩실덩실 춤을 춘다

무아지경 방언에 터져 나온 함박웃음
구름에 달 가듯이 흩어졌다 모였다가

굿거리장단에 맞춰 진땀을 빼고 나면
사막에 길을 놓듯 흐트러짐 다잡고

지고지순 선비정신 언제나 백조인양
격 없는 자리에도 옷매무새 다듬는다

선인장의 하루

하늘을 원망하여
철갑을 둘렀는가

거북선은
바다를 지켰고
넌 무엇을 지키느냐

미련 맞은 하늘
오늘도 바늘에 찔려

새빨간 엉덩이
도깨비 주사 맞은 듯

뺑소니치는
하루가 빠르게 간다

잡초

가뭄에 묻혀있던
생명의 새순인가

단비에 돋아나와
옹기종기 모여있네

농부는 잡초라 하며
호미로 내친 것을

화분에 심고 보니
예쁜꽃 화초였네

잡초가 잡초였나
꽃으로 보니 꽃이었나

나는 이제부터 이 세상을
꽃으로 꽃으로 보리라

내일

태양은 희망이다
새 날의 호연지기
영시에 출발하는
숨 가쁜 내일 잡기
늦을라 근심하지만
도둑보다 빠르다

오월의 첫날

버려도 버려도 끝이 없는
작가의 파지처럼
봄날이 간다

팽하니
훌쩍 비가 온다
울고 싶은 마음에

쉽게 친구가 되어
물먹은 파지처럼
풀이 죽어 있었는데

땡볕이 호통친다
호랑이도 장가가고픈 계절
오월은 너의 첫날이라고

오월의 비

오월의 태양보다
시원한 비가 좋아

손마다 우산꽃 핀
반가운 비 오시면

발자국 하나하나가
꽃잎처럼 춤을 춘다

보지 못하는 것을 잊지 말라 하시네

삶이란 사는 동안 버릴 걸 챙기는 것
이승을 떠날 땐 모두 버리고 가리니

손 벌리지만 않도록 챙기라 했네
베풂도 지나치면 욕심이 되고 마네

황금불상 욕심을 내지 말라 하시네

보이는 것은 잠시뿐
보지 못하는 것을 잊지 말라 하시네

밤바람

팽팽한 명주 빛 달
옷고름 줄다리기

수줍은 고운 속살
바람에 들키었나

구름은 가릴둥 말둥
보조개만 배시시

부끄럼 가렸다고
보고픔 사라질까

망상을 호호 불어
가슴은 허풍선이

이 밤도 홀로 선한 바람
숨지 말라 화낼까

민들레

자갈밭 다독이며
끈질김 자랑하듯

비바람 몰아치면
깡다구 강의하듯

환하게 웃으라며
훈수하는 민들레

백목련 앞에서

나비를 잡아다가
꽃으로 피웠는가

활짝 핀 나래마다
파르르 떨리는데

꺾고 싶은 양심에
잡은 손이 떨린다

커피 한 잔 할까요?

저녁별
쏟아지면
커피 한 잔 할까요

코 고는
사람조차
부르고 싶은 마음

주말의
편안한 독방
쓴 커피 향으로 채운다

바람꽃

창밖의 화사함
봄 같은 분위기

언제나 저리 될까
꿈꾸는 배후에도

한겨울 매서움에
헛기침만 들려요

사랑으로

이제야 빈손으로
기쁘게 말하렵니다

새로운 모든 것은
당신과 나눌 기쁨이라고

이제껏 이룬 모든 건
바람같이 잊으리라고

한가위만 같아라!

한지에 풀물 든 듯
포근한 구월에는

단풍의 동영상이
UCC 물들이면

한가위 조선의 달은
하늘보다 넉넉하지

산행에서

새치가 돋아나듯
숲길이 드러나면
쪼르르 다람쥔양
구르듯 달려간다

재 너머 풀숲에는
저마다 빠른 동작
급한 일 해결하면
뉘 볼세라 숨는다

생의 뒤안길

초여름
빗소리에
내 마음 빠졌나니

온종일
쏟아지면
마른 강물 불어나지

내일은
급한 배 타고
허겁지겁 내빼야지

추억을 그리며

달빛에
비칩니다
나를 향한 임의 마음

무섭게
타오르는
이 몸은 어이하오리까

힘들게
뒤돌아서나
불구덩이 지는 듯합니다

고향 이야기

인절미 쫄깃한 정
고향의 이야기는

천만리 타향살이
고무줄 정이라서

밤새껏 잡아당겨도
끊어질 줄 몰라요

장미의 오월

곳곳에 장미 넝쿨
담장 밖 손 내밀어

자꾸만 쿡쿡 찔러
따끔한 햇살처럼

빨간 얼굴 장미꽃
뉘 볼세라 더 예쁜 볼

폭우에 젖어

침묵은 비가 아냐
오늘도 큰소리치네

눈물이 흠씬 나게
따발총 몰아치듯

말로 다 못 할 말까지
유리창에 남겨 놓았네

가을이 오면

어머님 바늘 끝에
단풍이 떨어지네

손끝엔 나비들의
날갯짓 아롱아롱

색동옷 명절이 웃네
버선코도 빙그레

예보

어머님 바늘 끝에
단풍이 떨어지네

손끝엔 나비들의
날갯짓 아롱아롱

색동옷 명절이 웃네
버선코도 빙그레

동행

멀고 먼
길이라도
시작은 한 발자국

시작이
반이라며
손잡고 함께 가면

우리는
더하기 되어
축지법을 배우리

유월의 장미

피로써 맺은 정열
약속은 붉은 태양

맞추는 눈빛마다
흥분한 꽃이 피네

새빨간 거짓말보다
더 붉고 싶은 유월의 꽃

빨래하던 강가에 서면

강물이 거울 되어
세월을 훔치더니

빨래터 찾은 이의
복장을 두드리며

눈물을 닦아 가며
옛사랑에 빠진다

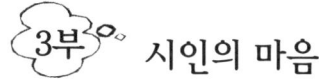# 시인의 마음

시 한 수 읊는다고 시인은 아니지만
기분은 신선놀음 구름 위에 올랐으니

우리 노래 우리 가락 옛날 얘기 좋아라
너의 시 읊어보니 별 것은 아니지만

가락이 딱딱 맞아 흥이야 절로 난다
자수를 맞추고서 자꾸 퇴고해보자

시인의 마음

시 짓기 어렵다고 말 많은 사람아
조상도 어려우면 여태껏 했겠느냐

재주가 허락하는 거기까지 하렴아
남보다 잘 써야만 시의 맛 난다냐

잘 쓰고 못씀이야 조그만 재주거늘
쓰는 이 읽는 이 모두 벗이라 하니

시 한 수 읊는다고 시인은 아니지만
기분은 신선놀음 구름 위에 올랐으니

우리 노래 우리 가락 옛날 얘기 좋아라
너의 시 읊어보니 별 것은 아니지만

가락이 딱딱 맞아 흥이야 절로 난다
자수를 맞추고서 자꾸 퇴고해보자

선무당이 사람잡네

젊은 년
사주팔자
점상 위에 올려놓고

가마는
한 개인데
시집 한번 더 가겠다

이것이
웬 말이냐
선무당이 사람 잡네

그것은
절대 아냐
내 사전에 없는 일

나는야
시를 짓고
노래하는 여류작가

둘째 시집
펼쳐보니
이제야 알 것 같네

나이

심장의 박동소리
인생의 목탁소리

빨리 가라 빨리 가라
고약한 인정머리

아니야 아니야
애걸은 왜 했을까

한숨이 진할수록
세월은 빨리빨리

우격다짐 채워 넣는
종량제 생명 봉투

낯을 붉히다

지난번 글을 보니
저절로 낯 붉어져

거울도 웃는 듯해
눈 감고 울적하여

잠자리 드는 석양은
뒤로 몰래 숨었다네

지천명

세월이 놓은 길에
주름이 잡힐 때쯤

무궁한 시간 앞에
한없이 나약하던

인생들 너털웃음이
여유로워 보인다

애가(哀歌)

눈물도 보배롭다
어머니가 생각나니

쓰디쓴 약을 먹고
달콤한 사탕 빨 듯

하늘은 매정하건만
멈출 수가 없어라

화룡점정

평생을
하나의 그림으로 남기렵니다

그러나
지나온 날을 기억해 보니

쓸 만한 추억 하나 기억에 없어
백지에 마침표로 마감합니다

하지만, 아직도 살아있으니
제힘으로 마침표를 못 찍습니다

하모니카 불듯이

옥수수 입에 물고
기찻길 기적 불면

먼 산도 다가앉고
고향도 달려오나

옛사랑 차단막이
땡땡땡땡 급하다

아가 곁에는

아가가 옹알옹알
콧방울 씰룩할 때

엄마는 빵끗빵끗
아빠는 싱글벙글

할미는 까꿍까꿍
할배는 덩실덩실

옛 추억

새처럼 조잘대는
금탑사 풍경소리

고향의 옛벗들을
부르던 산모퉁이

가슴이 콩콩 뛰면서
노을빛을 그렸었지

성적표

하굣길
바람소리
서릿발 회초리다

서산이
구름 걷고
달 밝을 산책길에

성적표
엎드려뻗쳐
눈에 삼삼 별빛들

씨알에서 백두까지

대지를 어머니라 부르는 뜻을 알고
스스로 흙에 묻혀 몸 바친 희생 위에

햇볕은 아버지 손길 생명의 빛 주시네
어버이 기쁨 으뜸 자식을 얻는 경사

봄볕에 꼬물꼬물 번영의 작은 떡잎
조그만 씨알 희망이 백두산을 이루리

한가위

가을을 널어놓고
명절을 준비한다

아침은 하늘하늘
여름을 씻어낸다

활짝 편
손톱이 다섯
보름달도 다섯 개

노인 대학

인터넷
강의실은 지금

터지는 난타마다
웃음보 터진단다

노안엔 주름 없어
모두가 미남미녀

신기한 인터넷 앞에
호기심은 칠팔세

청풍명월

구름도 가라앉은
호수는 물도 깊네

그대의 눈동자도
깊이를 알 수 없네

내 거기 한 번 빠지면
나올 수가 있을까

너의 눈을 보면

눈동자 맑음 속에
속 깊은 너를 본다

마음의 창을 여니
파아란 가을 같다

때 묻은 내 날개 달곤
너무 머언 거리다

구월의 아홉시

구월에 드리워진
아침의 가을빛은

동공을 가득 채운
한가위 그림자다

어제의 상처 난 시간
솎아내는 아홉 시

소나기

매 맞고 우는 놈이
양보가 있을라구

저마다 일등 하려
아우성 울보대장

죄 없이 함빡 젖은 날
기상청을 탓할까

해탈의 변

깃발이 펄럭이듯
가슴이 나부낄 때

고통이 극한 되어
심장이 터진다면

상상의 끄트머리는
원점에서 다시 또

장미의 변

바람을
흔드는 장미
장미를 흔드는 바람

손끝이 파르르
코끝이 찌르르
눈동자 팽그르르

향기는
머물지 못하고
회오리치다 가시 돋쳤다

시조를 쓰는 마음

쓴다고 말하지만
마음의 조각이야

군생각 덜어내면
진실이 드러나지

거짓은 베어버리고
선비의 정신 빛내야지

함께 운다

종은 스스로
종이라 말하지 않고
몸으로 운다

그대도 종을 닮아
나를 울린다

사랑한다 말하지 않아도

범종

한 번을 울더라도 천만인 가슴 우는
번뇌를 담금질한 풀무질 얼마였나

용광로 잠재운 몸이 혼을 깨라 전한다

바스락 소리 밟고 산행에 땀날 때면
가슴을 타종하는 범종의 독경소리

냉가슴 풀무질하는 석가여래 부르심
산사로 발을 옮겨 풍경에 젖어있네.

아버지

살며시 그리울 땐
고요히 불러본다

다섯 살 때 아버지
끝없는 울림이다

한 줄기 빛이었나
잊을 수도 없어라

왜곡된 슬픈 역사
가시로 박히더니

산자의 증언들이
차고도 넘치누나

비릿한 행정 답변
고의가 아닐 진데

새로운 이야기가
귓가에 들려온다.

산사로 가는 길(1)

산새들 합장하는
눈 오는 깊은 산길

등마다 불탑 쌓는
득도의 발소리가

초승을 두드리더니
잠든 별만 깨운다

산사로 가는 길(2)

산새들
합장하는
깊은 산골짜기에

등마다
불탑을 쌓는
득도의 발소리가

초승을
두드리더니
잠든 별만 깨운다

산사로 가는 길(3)

산사로 가는 길에
풍류가 넘쳐나니

일주문 찾을 적에
훼방꾼 없었을까

불타는 노을 아래
가지런한 말씀은

곁가지는 쳐내고
번뇌를 태워버려

신나는 중생 귀에
풍경소리 들릴까

4부 인생길

어느새 천리만리 손꼽아 헬 수 없고
연륜의 속도보다 더 빠른 세월 타고
갈 길을 찾지 못한 채 까아맣게 타는 맘

인생길

꼼꼼한 매듭처럼 단단한 사람들도
휴지가 물 먹듯이 풀어진 사람들도
한세상 사는 방법은 별다를 게 없더라

뒤안길 돌아보니 새 을자 무색하다
엉킨 길 미로 찾기 한 없이 낙심하나
나홀로 가야만 한 첫발 떼면 천리길

어느새 천리만리 손꼽아 헬 수 없고
연륜의 속도보다 더 빠른 세월 타고
갈길을 찾지 못한 채 까아맣게 타는 맘

추억의 빨래터

내 고향 옛집
돌담 넘어 큰 샘
햇살 따사로운 여름이면
나의 가슴은 햇살 흐르는 빨래터

멍든 가슴
아픈 가슴
물든 가슴
한꺼번에 몰아 빨래를 하던 곳

반짝이는 햇살
반가이 웃어주신 해님
아낙들 웃음소리 담장을 넘었던
마을에서 가장 깊고 맑은 참 좋은 샘

이제 빨래터 사라지고
옛 주인 떠나고 없는 남의 집
선친의 묻혀버린 행적을 찾으려는 듯
알쏭달쏭 다섯 살이었던 소녀가 서성이고 있다

반항

설명도 필요 없고
기회는 단 한 번뿐

난 같고 불꽃같고
배반의 장미 같아

초조한 입술 펴려다
외마디만 터지네

울지 않는 소쩍새

누군가
곁에 있어 노래를 들려주면

누구야
메아리라 똑같이 반복하지

오늘은 고장난 걸까
울지 않는 소쩍새

사랑

그대의 청산유수
태양도 빛을 잃네

바다를 쥐어주고
하늘을 건네주니

믿으란 말 아니해도
무슨 말을 더할까

따오기

헤즐럿 향기로운
커피와 빈자리는
세월을 무시하고

아직도 옛 노래와
창 넓은
카페를 열고
따옥따옥 노닌다

하늘 문

하늘도 눈이 있다
마음눈 뜨고 보라

보이는 것만 보다
육신을 발가벗고

알몸이 드러나면
열던 문도 닫으리

자존심

다칠세라
터질세라
겹겹이 싸매다
고목이 되었다

봄 가고
여름 가고
가을로 익어가며
굳어 앉은 옹이 하나

마음 열고
다가서면
모두가 하나인데
왜 버리지 못하는가

창문 열고
바라보니
낙엽이 구르고 있다
버리라며 손을 흔든다

무지개 꿈

잡힐 듯한
무지개
희망을 전해주고

잡히지 않은
무지개
현실은 희박하다

그래도
힘이 되는
일곱 빛깔 무지개

꿈 찾아
길 떠나듯
사뿐사뿐 걷는다

아침 풍경

새처럼
날개 펴는
초겨울 이른 새벽

치켜뜬
눈꺼풀은
피곤함 가득해도

삶의 현장
방향 따라
재촉하는 발걸음

저마다
다른 모습
일곱 빛깔 무지개

글을 쓰는 이유

나는, 하늘을 차지하고 있는 느티나무 한그루
뙤약볕 막고 서서 그늘을 만들어 놓고 자유를 노래합니다

나, 시를 낭송하면
지치고 힘든 자들 하나둘 찾아와서 자유를 배웁니다

새들이 지저귀는 산들바람 시새움이 좋아서
졸면서 배우면서 자유를 노래합니다

나, 시를 쓰고 낭송하면 독도도 울고 대마도가 웁니다
나, 자유를 노래하면 백두산이 울고 금강산이 웁니다

나는, 그래서 너를 지키며
하늘을 차지하는 늙은 느티나무로 살아가고 있습니다

양파

한 꺼풀
벗겨놓고
또 한 꺼풀 벗긴다

벗기면
벗길수록
궁금증은 더하고

벗기면
벗길수록
두꺼워진 양파 속

한 꺼풀
빠져들면
저마다 다른 생각

육적인 상상
정신적인 상상
시인의 감성으로

양파 닮은
시를 짓고
눈물샘 자극한다

황혼

종 치듯
치고받은
개울가 조약돌

아이들
손톱같이
햇빛으로 빛나면

노을에
정신 팔려
해지는 줄 몰라요

그믐밤

커피가 목에 걸려
캄캄한 그믐밤에

재스민 향기 담고
바라만 보는 네게

리모컨 사랑이었네
동작 그만 눌렀네

까치밥

앙상한
꼭대기에
연시가 대롱대롱 아찔하게 달려있어

주인은
탐이 나도
까치밥이라며 길손처럼 바라만 보죠

살포시
날개를 접은
까치 한 마리가 두 발로 감싸 안아서

쪼아대는
그 모습이
마냥 고맙다고 쪼아대는 인사 같다

그리움

바닷가 백사장에
머그섬이라고 적는다
어머니의 고된 삶이 스친다

파도가 왔다 간다
머그섬을 지웠다
눈물이 방울방울 떨어졌다

어머니, 어머니!
머그섬에 당신이 왔다 갔어요
불러도 대답 없는 그리움

길 따라 걷다 보면

녹동항
뱃길 따라
굽이굽이 해안선길

한센인
추모공원
참배하고 돌아서서

논두렁길
샛길 따라
오마도 신흥마을

진리는
양심으로
행동은 붓 끝으로

별들이
내려와서
글을 쓰는 초가집

별빛 따라
찾아드니
문방사우 반겨주네

소나기

이놈아
이 녀석아
너는 어떻게 생겼기에

미친 녀
널뛰듯이
먹구름 몰고 다니며

멍석 위에
마른 고추
쑥대밭 만들어 놓고

무엄 타
이 녀석아
고추농사는 어떻게 하라고

심술도
유분수지
태양을 희롱하다니

짓궂은
너의 장난에
가을농부 울고 있다

속닥속닥

노크도
몰래 한다
독설이 깰까 봐서

귓바퀴
굴러가듯
눈앞에 쌓이는데

보고도
안보는 척
듣고도 못 듣는 척

귀도,
눈도 멀었다
바보는 입만 동동

누리호 발사

하늘을 치솟는다
큰 산을 울게 한다

하늘땅 기죽인다
잡소리 숨죽인다

등용문 하늘길에
인재들이 앞선다

뉴스꺼리

사랑을 등쳐먹은
돈주앙 카사노바

문명의 로맨스를
조금 더 발가벗겨

위선의 얄팍한 낯짝
부채질 좀
해 본 것

흔들리다

흘러가도 흘러가도
멎을 줄 몰라

시간이 가도 세월이 가도
마르지 못해

들여다보면
흔들리는 내 마음
호수처럼 잔잔해질 날은 언제입니까

아직도
강변에서 떠날 수 없어

흔들리고 흔들리며 또 흔들려 봐도
꺾일 수 없는 끈질긴 여심

안달한다

햇살을 화살처럼 쏘는
빨랫줄이 화살처럼 신나는 날
봄은 빨래처럼 주렁주렁 랄랄라를 부른다
반짝이는 이마가 빨래처럼

걸래도 빨래처럼 아주 잘 마르는 날
사랑은 빗방울처럼 이슬방울처럼
전깃줄에 앉듯이
빨랫줄에 앉듯이

화살 맞은
처럼 참새처럼
꼬꼬댁 아침을 연다
부지런히 새벽을 연다
큐피드의 화살에 맞고 싶어서 안달한다

고향을 떠날 때

김 파래 팔고 넘던
바닷길 막아 놓고

반도의 끄트머리
눈물만 남을까 봐

수려한 남해의 노래
귓불 잡아당겨보세

떠날 때 필요한 건
한바탕 웃음이라네

눈물은 치마폭에
남몰래 감추시게

비가 오시는 날만
골라가며 떠나가네

염원하는 마음

촛불을 나눈 맘은
밤 밝혀 삶을 밝혀

석탄일 환한 등불
앞길을 밝힙니다

삶이란 일체유심조
어두운 마음 열라고

낯가림

사랑아
어디 보자
할머니 할아버지다

며칠 간
못 봤더니
낯설다고 삐죽삐죽

할머니야 까꿍
할아버지다 까꿍
눈 맞추며 끄덕이자

사랑이도
빵긋빵긋
생각 난 듯 웃는다

홀씨로 꽃피운다

비바람 몰아치는
한여름 텃밭에서
담벼락 다독이며
치맛자락 펼친다

호롱불 밝히듯이
봉우리 벌어지면
텃밭의 자랑이듯
활짝 웃는 민들레

끈질긴 잡초라며
힘센 호미질에도
깡다구 밀어내듯
홀씨로 꽃 피운다

추풍낙엽(秋風落葉)

비농가 전답인가
잡초만 무성하다
갈대는 석양 불러
치장을 다시 하고
강물은 철새들과
합창을 준비하네

달님이 은하수 길
우아하게 나설 때
불어라 가을바람
억새꽃 흔들어라
낙화를 사모하는
순정의 떨림이여

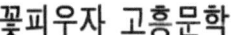

천년학

金百瓊 제2시집

詩의 맛

지은이 | 김백경
펴낸이 | 전진옥
디자인 | 다온애드
펴낸곳 | 도서출판 다온애드

초판일 | 1쇄 2024년 10월 13일
발행일 | 1쇄 2024년 10월 13일
주　소 | 인천광역시 남동구 벽돌말로 8(간석4동 573-11)
전　화 | 032) 203-6865 팩스 032) 426-7795
메　일 | jinok2224@hanmail.net

판　형 | 신국판
등　록 | 제2013-000008호
ISBN | 979-11-89406-35-6 (03800)
책　값 | 13,000원

좋은 책을 읽는 것은 성공을 위한 밑거름이다.

• 저자와의 협의에 따라 인지는 생략합니다
• 본 간행물은 전국 서점 교보문고에서 구매할 수 있습니다
• 잘못된 책은 출판사 다온애드에서 교환해 드립니다.